새로운 도서, 다양한 자료
동양북스 홈페이지에서 만나보세요!

홈페이지 활용하고 실력 두 배 늘리기!

홈페이지 이렇게 활용해보세요!

1 도서 자료실에서 학습자료 및
MP3 무료 다운로드!

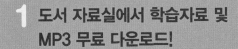

❶ 도서 자료실 클릭
❷ 검색어 입력
❸ MP3, 정답과 해설, 부가자료 등
첨부파일 다운로드

* 원하는 자료가 없는 경우 '요청하기' 클릭!

2 동영상 강의를 어디서나 쉽게!
외국어부터 바둑까지!

500만 독자가 선택한

가장 쉬운
독학 일본어 첫걸음
14,000원

가장 쉬운
독학 중국어 첫걸음
14,000원

가장 쉬운
독학 베트남어 첫걸음
15,000원

가장 쉬운
독학 스페인어 첫걸음
15,000원

가장 쉬운
프랑스어 첫걸음의 모든 것
17,000원

가장 쉬운
독일어 첫걸음의 모든 것
18,000원

가장 쉬운
스페인어 첫걸음의 모든 것
14,500원

버전업! 가장 쉬운
베트남어 첫걸음
16,000원

버전업! 가장 쉬운
태국어 첫걸음
16,800원

첫걸음 베스트 1위!

가장 쉬운
러시아어 첫걸음의 모든 것
16,000원

가장 쉬운
이탈리아어 첫걸음의 모든 것
17,500원

가장 쉬운
포르투갈어 첫걸음의 모든 것
18,000원

가장 쉬운
터키어 첫걸음의 모든 것
16,500원

버전업! 가장 쉬운
아랍어 첫걸음
18,500원

가장 쉬운
인도네시아어 첫걸음의 모든 것
18,500원

가장 쉬운
영어 첫걸음의 모든 것
16,500원

버전업! 굿모닝
독학 일본어 첫걸음
14,500원

가장 쉬운
중국어 첫걸음의 모든 것
14,500원

가장 쉬운 독학 중국어 첫걸음

가장 쉬운 독학 일본어 첫걸음

오늘부터는 팟캐스트로 공부하자!

팟캐스트 무료 음성 강의

▶ 1
iOS 사용자

Podcast 앱에서
'동양북스' 검색

▶ 2
안드로이드 사용자

플레이스토어에서 '팟빵' 등
팟캐스트 앱 다운로드,
다운받은 앱에서
'동양북스' 검색

▶ 3
PC에서

팟빵(www.podbbang.com)에서
'동양북스' 검색
애플 iTunes 프로그램에서
'동양북스' 검색

◉ **현재 서비스 중인 강의 목록** (팟캐스트 강의는 수시로 업데이트 됩니다.)

- 가장 쉬운 독학 일본어 첫걸음
- 페이의 적재적소 중국어
- 가장 쉬운 독학 중국어 첫걸음
- 중국어 한글로 시작해
- 가장 쉬운 독학 베트남어 첫걸음

매일 매일 업데이트 되는 동양북스 SNS! 동양북스의 새로운 소식과 다양한 정보를 만나보세요.

 blog.naver.com/dymg98 　 instagram.com/dybooks 　 facebook.com/dybooks 　 twitter.com/dy_book

일본어뱅크

스마트 일본어 LEVEL 1

문선희 · 나카야마 다츠나리 · 성해준 지음

일본어뱅크
스마트 일본어 LEVEL 1

초판 4쇄 | 2018년 2월 10일

지은이 | 문선희, 나카야마 다츠나리, 성해준
발행인 | 김태웅
편집장 | 강석기
편 집 | 신선정, 김효은
일러스트 | 우나연
디자인 | 방혜자, 이미영, 김효정, 서진희
마케팅 총괄 | 나재승
마케팅 | 서재욱, 김귀찬, 이종민, 오승수, 조경현
온라인 마케팅 | 김철영, 양윤모
제 작 | 현대순
총 무 | 한경숙, 안서현, 최여진, 강아담
관 리 | 김훈희, 이국희, 김승훈, 이규재

발행처 | 일본어뱅크
등 록 | 제 300-2006-109호
주 소 | 서울시 마포구 동교로22길 12 (04030)
전 화 | (02)337-1737
팩 스 | (02)334-6624

http://www.dongyangbooks.com

ISBN 978-89-7665-332-1 04730
      978-89-7665-330-7 (전 4권)

머리말

이 책을 펴내면서 학생들 앞에서 수업에 임했던 제 모습과 사랑하는 가족, 그리고 제 강의의 열정과 에너지의 원천이 되어 주는 사랑하는 학생들 얼굴이 머릿속에 스쳐 갑니다.

일본어를 가르치면서 느끼는 것은 일본어는 정말 매력 있는 언어라는 사실입니다. 모국어가 아닌 다른 나라의 언어를 배운다는 것은 쉬운 일이 아닙니다. 이 책을 펴낸 저 역시 일본어는 평생 공부해야 하는 언어라고 생각합니다. 점점 배워 갈수록 어려워지기는 하지만 얼마나 흥미를 갖고 빠져드느냐에 따라 실력 향상과 목표 달성의 여부가 결정된다고 생각합니다.

이 교재는 실제 제가 일본어를 가르치는 현장에서 쌓은 경험을 바탕으로 학생들이 쉽게 이해하는 부분과 어려워하는 부분들을 자세히 분석하고 연구하였기 때문에 기존의 책들과는 다른 특징들을 갖고 있습니다.

첫째 [독해 · 작문] 파트 중 [읽어봅시다!] 부분은 원칙적으로 띄어쓰기 없는 일본어 문장을 보고 자연스럽게 읽고 해석할 수 있는 능력을 향상시킬 수 있도록 하였습니다. [작문] 부분에서는 수업 중 따라하고 읽기는 하지만 직접 쓰는 것까지 체크하기에는 시간이 부족했던 점을 고려하여 각 과의 포인트 문장을 쓰고 말할 수 있도록 구성하였습니다.

둘째 [한자 연습] 파트 중 [한자 즐기기] 부분에서는 학생들이 가장 어려워하는 한자를 재미있게 활용하여 한자에 대한 부담을 줄이고, 기본이 되는 한자에 다른 한자를 붙여 학생들의 한자 지식을 넓힐 수 있도록 하였습니다. 또, [써봅시다] 부분에는 직접 책에 한자를 써볼 수 있게 하였습니다.

셋째 [회화 플러스] 파트에서는 본문 이외의 회화 표현들을 중심으로 다뤘으며, 주요 회화 내용과 최신 어휘를 추가하여 일본어를 자연스럽게 받아들일 수 있도록 하였습니다.

아무쪼록 이 책을 학습하는 여러분께 좋은 효과와 발전이 있기를 바라고 목표를 꼭 이루시기를 바랍니다. 그리고 교재를 위해 많은 도움을 주신 여러분들께 감사드리고, 이제까지 일본어를 통해 만나 열정을 갖게 해 준 우리 학생들에게 감사의 마음으로 이 교재를 바치고 싶습니다.

저자 일동

차 례

CONTENTS

이 책의 학습법

이번 과의 포인트

각 과의 주제와 관련된 내용을 회화 형식으로 표현했습니다. 학습에 들어가기 전에 각 과에서 다루게 될 주요 내용과 포인트 문법을 미리 익히도록 합시다.

기본 회화

실생활에서 유용하게 쓰이는 문법과 주요 표현들을 단어 설명과 함께 실었습니다. 내용을 듣고 억양과 발음에 주의해서 반복 학습하면 좋은 효과를 얻을 수 있습니다.

문법 포인트

각 과에서 다루는 포인트 문법으로 문법에 관한 예문들을 다양하게 실었습니다. 우리말 해설이 없으므로 아래의 [낱말과 표현]을 참고하면서 공부하세요.

패턴 연습

포인트 문법에서 다룬 내용을 응용해보는 페이지입니다. 다양한 단어와 화제를 바탕으로 문형을 연습하도록 합시다.

독해 · 작문

원래 일본어는 띄어쓰기가 없습니다. 다른 페이지는 학습편의상 띄어쓰기가 되어있지만, [읽어봅시다]에서는 띄어쓰기 없는 문장을 연습하여 실력을 높일 수 있도록 하였습니다. 작문은 각 과를 배우고 난 후 주요 문법을 최종적으로 점검하는 페이지입니다. 우리말을 보고 일본어 문장으로 바꿔보세요.

한자 연습

한자를 단어 그대로 외우기보다는 한자 하나를 가지고 몇 개의 단어를 만들 수 있다는 것을 보여주어 응용력을 높여줍니다. 또, 중요 한자를 직접 써볼 수 있게 하였습니다.

듣기 연습

너무 복잡하지 않으면서, 본문과 문법 포인트에서 다루는 내용을 중심으로 구성된 듣기 연습 문제입니다.

회화 플러스

본문에서 다루는 회화 표현 이외의 응용회화로 기초 단계에서 회화의 자신감을 키워줍니다.

ひらがな

	あ行	か行	さ行	た行	な行
あ段	あ [a] あい	か [ka] かお	さ [sa] あさ	た [ta] たこ	な [na] なし
い段	い [i] いえ	き [ki] かき	し [si] いし	ち [chi] くち	に [ni] あに
う段	う [u] うえ	く [ku] きく	す [su] すし	つ [tsu] つくえ	ぬ [nu] いぬ
え段	え [e] え	け [ke] いけ	せ [se] せき	て [te] ちかてつ	ね [ne] ねこ
お段	お [o] おい	こ [ko] こ	そ [so] うそ	と [to] とし	の [no] きのこ

は行	ま行	や行	ら行	わ行	ん行
は [ha] はな	ま [ma] うま	や [ya] やま	ら [ra] そら	わ [wa] わたし	ん [n] きん
ひ [hi] ひと	み [mi] うみ		り [ri] りす		

| ふ
[hu]
ふね | む
[mu]
むし | ゆ
[yu]
ゆき | る
[ru]
くるま | | |
| へ
[he]
へそ | め
[me]
あめ | | れ
[re]
れんこん | | |

| ほ
[ho]
ほし | も
[mo]
もち | よ
[yo]
よやく | ろ
[ro]
いろ | を
[o]
～を | |

カタカナ

	ア行	カ行	サ行	タ行	ナ行
ア段	ア [a] アイス	カ [ka] カメラ	サ [sa] サラダ	タ [ta] タオル	ナ [na] バナナ
イ段	イ [i] イヤリング	キ [ki] スキー	シ [si] シーソー	チ [chi] チキン	ニ [ni] テニス
ウ段	ウ [u] ソウル	ク [ku] クリスマス	ス [su] スカート	ツ [tsu] ツアー	ヌ [nu] カヌー
エ段	エ [e] エアコン	ケ [ke] ケーキ	セ [se] セーター	テ [te] テレビ	ネ [ne] ネクタイ
オ段	オ [o] オムレツ	コ [ko] コアラ	ソ [so] ソース	ト [to] トマト	ノ [no] ノート

ハ行	マ行	ヤ行	ラ行	ワ行	ン行
ハ [ha] ハーモニカ	マ [ma] マイク	ヤ [ya] ダイヤモンド	ラ [ra] ラジオ	ワ [wa] ワルツ	ン [n] ペン
ヒ [hi] コーヒー	ミ [mi] ミルク		リ [ri] リボン		
フ [hu] フラフープ	ム [mu] ホームラン	ユ [yu] ユニホーム	ル [ru] ルーム		
ヘ [he] ヘア	メ [me] メロン		レ [re] レモン		
ホ [ho] ホテル	モ [mo] モノレール	ヨ [yo] ヨガ	ロ [ro] ロープ	ヲ [o] 〜ヲ	

01

문자와 발음 上

 히라가나(ひらがな)란?

□ 히라가나는 일본 헤이안 시대(9세기 경)에 궁정의
　 귀족 여성들이 한자를 바탕으로 만든 일본 글자입니
　 다. 현대 일본어에서 인쇄, 필기 등 대부분의 경우에
　 사용되는 기본 문자입니다.

히라가나 청음(淸音)

 あ行 일본어의 모음. 우리말 '아/이/우/에/오'에 가깝다.

あ	い	う	え	お
[a]	[i]	[u]	[e]	[o]
あい [ai] 사랑	いえ [ie] 집	うえ [ue] 위	え [e] 그림	おい [oi] 조카

 か行 우리말 'ㄱ'과 'ㅋ'의 중간 발음에 가깝다. 낱말의 중간이나 뒤에 올 때는 약간 세게 발음하는 경향이 있다.

か	き	く	け	こ
[ka]	[ki]	[ku]	[ke]	[ko]
かお [kao] 얼굴	かき [kaki] 감	きく [kiku] 국화	いけ [ike] 연못	こ [ko] 아이

우리말 'ㅅ'에 가까운 발음. す는 '수'와 '스'의 중간 발음입니다.

さ	し	す	せ	そ
[sa]	[si]	[su]	[se]	[so]
あさ	いし	すし	せき	うそ
[asa]	[isi]	[susi]	[seki]	[uso]
아침	돌	초밥	자리	거짓말

 우리말 'ㄷ'과 'ㅌ'의 중간 발음에 가깝다. ち와 つ와 같은 일본어 특유의 발음에 주의할 것.

た	ち	つ	て	と
[ta]	[chi]	[tsu]	[te]	[to]
たこ	くち	つくえ	ちかてつ	とし
[tako]	[kuchi]	[tsukue]	[chikatetsu]	[tosi]
문어	입	책상	지하철	나이

な行   우리말 'ㄴ'에 가까운 발음.

な	に	ぬ	ね	の
[na]	[ni]	[nu]	[ne]	[no]

なし [nasi] 배	あに [ani] 형, 오빠	いぬ [inu] 개	ねこ [neko] 고양이	きのこ [kinoko] 버섯

は行   우리말 'ㅎ'에 가까운 발음.

は	ひ	ふ	へ	ほ
[ha]	[hi]	[hu]	[he]	[ho]
はな [hana] 꽃	ひと [hito] 사람	ふね [hune] 배	へそ [heso] 배꼽	ほし [hosi] 별

우리말 'ㅁ'에 가까운 발음.

 ま [ma]	み [mi]	む [mu]	め [me]	も [mo]

うま [uma] 말	うみ [umi] 바다	むし [musi] 벌레	あめ [ame] 비	もち [mochi] 떡

 일본어의 반모음. 우리말 '야/유/요'에 가깝다.

や [ya]	ゆ [yu]	よ [yo]
やま [yama] 산	ゆき [yuki] 눈	よやく [yoyaku] 예약

ら行 우리말 'ㄹ'에 가까운 발음.

ら [ra]	り [ri]	る [ru]	れ [re]	ろ [ro]
そら [sora] 하늘	りす [risu] 다람쥐	くるま [kuruma] 차	れんこん [reŋkon] 연근	いろ [iro] 색깔

 わ行 & ん 우리말 '와'에 가까운 발음. ～を는 목적격 조사 '～을/를'로만 쓰인다.
'お'와 발음이 같다.

わ [wa]	を [o]	ん [n]
	～を [o] ～을/를	
わたし [watasi] 나, 저		きん [kin] 금

あ行

a	あ	あ			
i	い	い			
u	う	う			
e	え	え			
o	お	お			

か行

ka	か	か			
ki	き	き			
ku	く	く			
ke	け	け			
ko	こ	こ			

さ行

sa	さ	さ			
si	し	し			
su	す	す			
se	せ	せ			
so	そ	そ			

た行

ta	た	た			
chi	ち	ち			
tsu	つ	つ			
te	て	て			
to	と	と			

な行

na	な	な			
ni	に	に			
nu	ぬ	ぬ			
ne	ね	ね			
no	の	の			

は行

ha	は	は			
hi	ひ	ひ			
hu	ふ	ふ			
he	へ	へ			
ho	ほ	ほ			

ま行

ma	ま	ま			
mi	み	み			
mu	む	む			
me	め	め			
mo	も	も			

や行

ya	や	や			
yu	ゆ	ゆ			
yo	よ	よ			

ら行

ra	ら	ら							
ri	り	り							
ru	る	る							
re	れ	れ							
ro	ろ	ろ							

わ行 & ん

wa	わ	わ							
o	を	を							
n	ん	ん							

へのへのもへじ

へのへのもへじ는 일본 글자를 사용해서 사람 얼굴을 그린 글자 놀이입니다.

히라가나의 へ를 눈썹, の를 눈, も를 코, へ를 입, じ를 얼굴 윤각으로 해서 사람 얼굴을

그립니다. 다른 말로는 へへののもへじ라고 합니다.

02

문자와 발음 下

 가타카나(カタカナ)란?

□ 가타카나는 만들어진 시기가 정확하지 않으나 히라
가나와 마찬가지로 헤이안 시대(9세기 경)라고 추정
되고 있습니다. 가타카나는 주로 외래어나 의성어, 의
태어, 전보문 또는 강조하는 경우에만 사용됩니다.

히라가나 탁음(濁音) 「か/さ/た/は」행 글자 오른쪽 상단에 탁점 [゛] 표기.

が_行 우리말 'ㄱ'에 가까운 발음.

が	ぎ	ぐ	げ	ご
[ga]	[gi]	[gu]	[ge]	[go]

かがみ	かぎ	かぐ	げた	まご
[kagami]	[kagi]	[kagu]	[geta]	[mago]
거울	열쇠	가구	나막신	손자

ざ_行 우리말 'ㅈ'에 가까운 발음.

ざ	じ	ず	ぜ	ぞ
[za]	[zi]	[zu]	[ze]	[zo]
ひざ	ひじ	ちず	かぜ	かぞく
[hiza]	[hizi]	[chizu]	[kaze]	[kazoku]
무릎	팔꿈치	지도	바람	가족

だ行 우리말 'ㄷ'에 가까운 발음. ち와 つ는 탁점이 붙어서 [zi], [zu]가 된다.

だ	ぢ	づ	で	ど
[da]	[zi]	[zu]	[de]	[do]
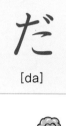				
だいこん [daikon] 무	はなぢ [hanazi] 코피	こづつみ [kozutsumi] 소포	そで [sode] 소매	まど [mado] 창문

 ば行 우리말 'ㅂ'에 가까운 발음

ば	び	ぶ	べ	ぼ
[ba]	[bi]	[bu]	[be]	[bo]
ばら [bara] 장미	くび [kubi] 목	ぶた [buta] 돼지	べんとう [bento:] 도시락	つぼ [tsubo] 항아리

히라가나 반탁음(半濁音) は행에 상단에 반탁음 부호 [°] 표기.

 우리말 'ㅍ'에 가까운 발음.

ぱ [pa]	ぴ [pi]	ぷ [pu]	ぺ [pe]	ぽ [po]
はっぱ [happa] 잎	ぴかぴか [pikapika] 반짝반짝	せんぷうき [sempu:ki] 선풍기	ほっぺた [hoppeta] 뺨	ちゃんぽん [champon] 짬뽕

※ はっぱ와 ほっぺた의 っ는 'ㅍ' 받침으로 발음하고, ちゃんぽん의 ゃ는 'ㅑ'로 발음합
니다. (뒤의 요음, 촉음 참조)

요 음 [拗音]

요음은 い段(き·ぎ·し·じ·ち·に·ひ·び·ぴ·み·り) 뒤에 작게 や·ゆ·よ를 표기하여 한 음절로
발음하는 것을 말한다. 우리말의 'ㅑ, ㅠ, ㅛ'에 해당된다.

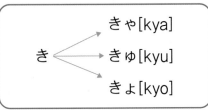

■ おきゃく [okyaku] 손님
■ きょり [kyori] 거리

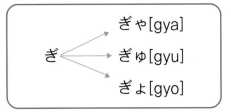

■ ぎゅうにゅう [gyu:nyu:] 우유
■ ぎょうざ [gyo:za] 만두(중국식)

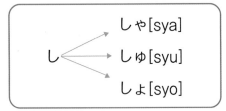

■ かいしゃ [kaisya] 회사
■ しょくじ [syokuzi] 식사

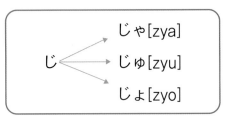

■ かのじょ [kanozyo] 그녀, 여자 친구
■ じゃり [zyari] 자갈

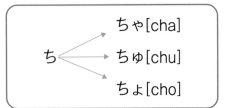

■ おちゃ [ocha] 차(茶)
■ ちょきん [chokin] 저금

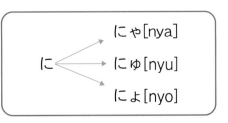

■ こんにゃく [konnyaku] 곤약
■ にゅうがく [nyu:gaku] 입학

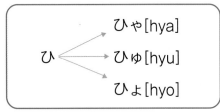

- ■ ひゃく [hyaku] 100
- ■ ひょうしき [hyo:siki] 표지(판)

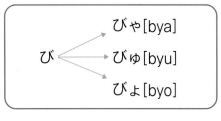

- ■ びゅうびゅう [byu:byu:] 웽웽(바람소리)
- ■ びょういん [byo:in] 병원

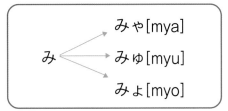

- ■ みゃく [myaku] 맥
- ■ びみょう [bimyo:] 미묘

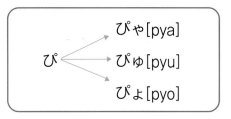

- ■ ろっぴゃく [roppyaku] 600
- ■ ぴょんぴょん [pyonpyon] 깡충깡충

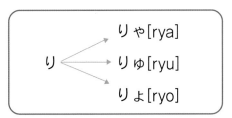

- ■ りゃくじ [ryakuzi] 약자
- ■ りゅうがく [ryu:gaku] 유학
- ■ りょこう [ryokou] 여행

★ 발음 비교 연습 ★

- ■ きやく 기약 ↔ きゃく 손님
- ■ じゆう 자유 ↔ じゅう 10
- ■ ろっぱく (별 이름) 육백 ↔ ろっぴゃく 600
- ■ びよういん 미용실 ↔ びょういん 병원

촉음[促音]

청음 つ를 작게 써서 표기. → っ

뒷 발음의 자음이 앞 발음의 받침이 되고, 뒤에 오는 발음은 약간 세진다. 악센트는 앞에 온다.

① 'ㄱ'받침 : か행 앞에서

いっき [ikki] 단숨에 마심. 원샷

こっか [kokka] 국가

② 'ㅅ'받침 : さ행 앞에서

ざっし [zassi] 잡지

いっさい [issai] 한 살

③ 'ㅌ'받침 : た행 앞에서

いったい [ittai] 도대체

きって [kitte] 우표

④ 'ㅍ'받침 : ぱ행 앞에서

きっぷ [kippu] 표

いっぱい [ippai] 한 잔

ん 발음

우리말의 ㄴ/ㅁ/ㅇ 받침과 같은 역할을 한다. 단, 뒤에 오는 음에 따라 발음이 조금씩 달라진다.

① [m] 발음 : ん 뒤에 ま/ば/ぱ행이 올 때 → ㅁ

   さんぽ [sampo] 산책   しんぴ [simpi] 신비

   あんま [amma] 안마   うんめい [ummei] 운명

② [n] 발음 : ん 뒤에 さ/ざ/た/だ/な/ら행이 올 때 → ㄴ

   あんない [annai] 안내   はんたい [hantai] 반대

   けんり [kenri] 권리   おんち [onchi] 음치

③ [ŋ] 발음 : ん 뒤에 か/が행이 올 때 → ㅇ

   かんこく [kaŋkoku] 한국   りんご [riŋgo] 사과

   おんがく [oŋgaku] 음악   げんき [geŋki] 건강함

④ [N] 발음 : ん 뒤에 あ/は/や/わ행이 올 때나 문장 맨 끝에 올 때
     → n + ŋ의 중간 발음

   ほん [hoN] 책   にほん [nihoN] 일본

   でんわ [deNwa] 전화

같은 모음을 두 박으로 길게 늘여 발음한다. 가타카나 장음은 ―으로 표기.

① a단 + a단 → [a:]

    おばあさん [oba:san] 할머니

    おかあさん [oka:san] 어머니

② i단 + i단 → [i:]

    おじいさん [ozi:san] 할아버지

    おにいさん [oni:san] 형, 오빠

③ u단 + u단 → [u:]

    ゆうき [yu:ki] 용기

    くうき [ku:ki] 공기

④ e단 + e단 → [e:]

    e단 + i단 → [e:]

    おねえさん [one:san] 언니, 누나

    せんせい [sense:] 선생님

    えいが [e:ga] 영화

⑤ o단 + o단 → [o:]

    o단 + u단 → [o:]

    おおい [o:i] 많다

    とおい [to:i] 멀다

    おとうさん [oto:san] 아버지

    おはよう [ohayo:] 안녕(아침인사)

★ 발음 비교 연습 ★

  ■ おばさん 아주머니(고모.이모) ↔ おばあさん 할머니

  ■ おじさん 아저씨(삼촌) ↔ おじいさん 할아버지

  ■ ゆき 눈(雪) ↔ ゆうき 용기

  ■ めし 밥 ↔ めいし 명함

  ■ おい 조카 ↔ おおい 많다

가타카나 청음(清音)

 ア行

ア	イ	ウ	エ	オ
[a]	[i]	[u]	[e]	[o]
アイス	イヤリング	ソウル	エアコン	オムレツ
[aisu]	[iyariŋgu]	[souru]	[eakon]	[omuretsu]
아이스	귀걸이	서울	에어컨	오믈렛

カ行

カ	キ	ク	ケ	コ
[ka]	[ki]	[ku]	[ke]	[ko]

カメラ	スキー	クリスマス	ケーキ	コアラ
[kamera]	[suki:]	[kurisumasu]	[ke:ki]	[koara]
카메라	스키	크리스마스	케이크	코알라

 **サ**行

サ	シ	ス	セ	ソ
[sa]	[si]	[su]	[se]	[so]
サラダ	シーソー	スカート	セーター	ソース
[sarada]	[si:so:]	[suka:to]	[se:ta:]	[so:su]
샐러드	시소	스커트	스웨터	소스

 タ行

タ	チ	ツ	テ	ト
[ta]	[chi]	[tsu]	[te]	[to]
タオル	チキン	ツアー	テレビ	トマト
[taoru]	[chikin]	[tsua:]	[terebi]	[tomato]
타올	치킨	투어	텔레비전	토마토

ナ	ニ	ヌ	ネ	ノ
[na]	[ni]	[nu]	[ne]	[no]

バナナ	テニス	カヌー	ネクタイ	ノート
[banana]	[tenisu]	[kanu:]	[nektai]	[no:to]
바나나	테니스	카누	넥타이	노트

※ ネクタイ는 발음편의상 '네쿠타이'로 읽기보다는 '넥−타이'로 발음합니다.

ハ	ヒ	フ	ヘ	ホ
[ha]	[hi]	[hu]	[he]	[ho]

ハーモニカ	コーヒー	フラフープ	ヘア	ホテル
[ha:monika]	[ko:hi:]	[hurahu:pu]	[hea]	[hoteru]
하모니카	커피	훌라후프	헤어	호텔

マ	ミ	ム	メ	モ
[ma]	[mi]	[mu]	[me]	[mo]
マイク	ミルク	ホームラン	メロン	モノレール
[maiku]	[miruku]	[ho:muran]	[meron]	[monore:ru]
마이크	밀크	홈런	메론	모노레일

ヤ	ユ	ヨ
[ya]	[yu]	[yo]
ダイヤモンド	ユニホーム	ヨガ
[daiyamondo]	[yuniho:mu]	[yoga]
다이아몬드	유니폼	요가

ラ行

ラ	リ	ル	レ	ロ
[ra]	[ri]	[ru]	[re]	[ro]
ラジオ	リボン	ルーム	レモン	ロープ
[razio]	[ribon]	[ru:mu]	[remon]	[ro:pu]
라디오	리본	룸	레몬	로프

ワ行 & **ン**

ワ	ヲ	ン
[wa]	[o]	[n]
	～ヲ [o] ～을/를	
ワルツ		ペン
[warutsu]		[pen]
왈츠		펜

ア 行

a	ア	ア			
i	イ	イ			
u	ウ	ウ			
e	エ	エ			
o	オ	オ			

カ 行

ka	カ	カ			
ki	キ	キ			
ku	ク	ク			
ke	ケ	ケ			
ko	コ	コ			

サ 行

sa	サ	サ			
si	シ	シ			
su	ス	ス			
se	セ	セ			
so	ソ	ソ			

タ 行

ta	タ	タ			
chi	チ	チ			
tsu	ツ	ツ			
te	テ	テ			
to	ト	ト			

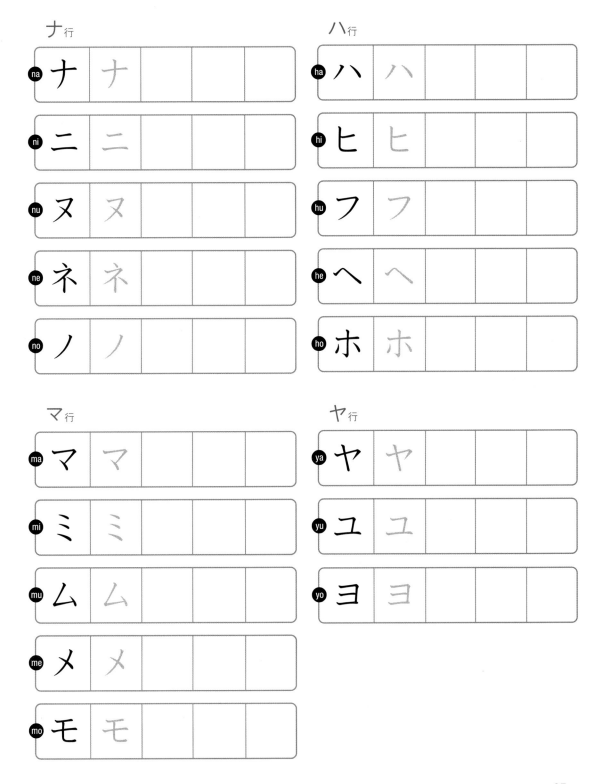

ナ行

| na | ナ | ナ | | | |

| ni | ニ | ニ | | | |

| nu | ヌ | ヌ | | | |

| ne | ネ | ネ | | | |

| no | ノ | ノ | | | |

ハ行

| ha | ハ | ハ | | | |

| hi | ヒ | ヒ | | | |

| hu | フ | フ | | | |

| he | ヘ | ヘ | | | |

| ho | ホ | ホ | | | |

マ行

| ma | マ | マ | | | |

| mi | ミ | ミ | | | |

| mu | ム | ム | | | |

| me | メ | メ | | | |

| mo | モ | モ | | | |

ヤ行

| ya | ヤ | ヤ | | | |

| yu | ユ | ユ | | | |

| yo | ヨ | ヨ | | | |

ラ_行

(ra) ラ ラ

(ri) リ リ

(ru) ル ル

(re) レ レ

(ro) ロ ロ

ワ_行＆ン

(wa) ワ ワ

(o) ヲ ヲ

(n) ン ン

おはようございます。

아침 인사

こんにちは。

점심 인사

こんばんは。

저녁 인사

じゃね。(=じゃあね。)

헤어질 때 인사

ありがとうございます。
／ どういたしまして。

감사합니다. / 천만에요.

おやすみなさい。

안녕히 주무세요.

いただきます。

잘 먹겠습니다.

ごちそうさまでした。

잘 먹었습니다.

すみません。

실례합니다.

すみません。

죄송합니다.

行ってきます。
／ 行っていらっしゃい。

다녀오겠습니다. / 다녀오세요.

ただいま。／ おかえり。

다녀왔습니다. /
잘 다녀왔니?, 잘 다녀오셨어요?

03

Track 10

はじめまして。

처음 뵙겠습니다.

 이번 과의 포인트

□ はじめまして。わたしは きむらです。
　　처음 뵙겠습니다. 저는 기무라입니다.

□ どうぞ よろしく（おねがいします）。
　　잘 부탁합니다

□ あなたは がくせいですか。
　　당신은 학생입니까?

□ いいえ、わたしは がくせいでは ありません。
　　かいしゃいんです。
　　아니요. 저는 학생이 아닙니다.
　　회사원입니다.

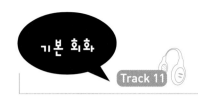 
木村 　はじめまして、わたしは 木村^{きむら}と 申^{もう}します。

キム 　はじめまして、わたしは キム・スアです。

　　　どうぞ よろしく おねがいします。

木村 　こちらこそ どうぞ よろしく。

キム 　木村さんは 学生^{がくせい}ですか。

木村 　いいえ、わたしは 学生では ありません。会社員^{かいしゃいん}です。

➕ 낱말과 표현

私(わたし) 저, 나　　木村(きむら) 기무라(성씨)　　～と 申(もう)します ～라고 합니다
どうぞ よろしくおねがいします 잘 부탁합니다　　こちらこそ 저야말로　　～さん ～씨
学生(がくせい) 학생　　いいえ 아니요　　会社員(かいしゃいん) 회사원

01 인칭대명사

1인칭	わたし(私) 나, 저 / わたくし 저
2인칭	あなた 당신 / きみ(君) 너, 자네
3인칭	かれ 그, 그 남자 / かのじょ 그 여자, 그녀
부정칭	だれ 누구

02 ～は～です。 ～는(은) ～입니다.

예 わたしは 会社員です。
かいしゃいん

山田さんは 医者です。
やま だ   い しゃ

キムさんは 韓国人です。
かんこくじん

03 ～は～ですか。 ～는(은) ～입니까?

예 キムさんは 学生ですか。
がくせい

先生は 日本人ですか。
せんせい に ほんじん

あなたは 中国人ですか。
ちゅうごくじん

42

04

～さん ~씨

예 キム<ruby>さん<rt></rt></ruby>は <ruby>銀行員<rt>ぎんこういん</rt></ruby>です。

パクさんは <ruby>主婦<rt>しゅ ふ</rt></ruby>です。

05

はい / いいえ 네 / 아니요

예 あなたは <ruby>学生<rt>がくせい</rt></ruby>ですか。

→ はい、わたしは <ruby>学生<rt></rt></ruby>です。

→ いいえ、わたしは 学生では ありません。<ruby>医者<rt>い しゃ</rt></ruby>です。

06

～では ありません。(=じゃ ありません) ~이(가) 아닙니다.

Tip
では = じゃ

예 <ruby>先生<rt>せんせい</rt></ruby>は <ruby>日本人<rt>に ほんじん</rt></ruby>では ありません。

わたしは <ruby>軍人<rt>ぐんじん</rt></ruby>では ありません。<ruby>大学院生<rt>だいがくいんせい</rt></ruby>です。

✚ 낱말과 표현

会社員(かいしゃいん) 회사원   医者(いしゃ) 의사   韓国人(かんこくじん) 한국인
学生(がくせい) 학생   先生(せんせい) 선생님   日本人(にほんじん) 일본인
中国人(ちゅうごくじん) 중국인   銀行員(ぎんこういん) 은행원   主婦(しゅふ) 주부
軍人(ぐんじん) 군인   大学院生(だいがくいんせい) 대학원생

PATTERN

1 보기

わたしは 山田(やまだ) です。 日本人(にほんじん) です。 どうぞ よろしく おねがいします。

わたしは ┃ パク ┃ です。 ┃ 韓国人(かんこくじん) ┃ です。 どうぞ よろしく おねがいします。

パク　　　　　　韓国人(かんこくじん)
ワン　　　　　　中国人(ちゅうごくじん)
ポール　　　　　イギリス人(じん)
ジョセフ　　　　ドイツ人(じん)

2 보기

大学生(だいがくせい)
대학생

A：あなたは 大学生(だいがくせい)ですか。

B：はい、わたしは 大学生です。

いいえ、わたしは 大学生では ありません。

1 韓国人(かんこくじん)
한국인

A：あなたは＿＿＿＿＿＿＿＿＿＿＿＿ですか。

B：＿＿＿＿＿＿＿＿＿＿＿＿＿＿＿＿

＿＿＿＿＿＿＿＿＿＿＿＿＿＿＿＿

2 中国人(ちゅうごくじん)
중국인

A：あなたは＿＿＿＿＿＿＿＿＿＿＿＿ですか。

B：＿＿＿＿＿＿＿＿＿＿＿＿＿＿＿＿

＿＿＿＿＿＿＿＿＿＿＿＿＿＿＿＿

3 軍人(ぐんじん)
군인

A：あなたは＿＿＿＿＿＿＿＿＿＿＿＿ですか。

B：＿＿＿＿＿＿＿＿＿＿＿＿＿＿＿＿

＿＿＿＿＿＿＿＿＿＿＿＿＿＿＿＿

4 大学院生(だいがくいんせい)
대학원생

A：あなたは＿＿＿＿＿＿＿＿＿＿＿＿ですか。

B：＿＿＿＿＿＿＿＿＿＿＿＿＿＿＿＿

＿＿＿＿＿＿＿＿＿＿＿＿＿＿＿＿

✚ 낱말과 표현

山田(やまだ) 야마다(성씨)　　ポール 폴(사람 이름)　　イギリス人(じん) 영국인

ジョセフ 조셉(사람 이름)　　ドイツ人(じん) 독일인　　大学生(だいがくせい) 대학생

읽어 봅시다!

はじめまして。私(わたし)はキム・スアと申(もう)します。私は韓国人(かんこくじん)で、大学生(だいがくせい)です。

こちらは田中(たなか)さんです。田中さんは日本人(にほんじん)です。

田中さんは大学生ではありません。会社員(かいしゃいん)です。

こちらはワンさんです。中国人(ちゅうごくじん)です。

ワンさんは大学生でも会社員でもありません。軍人(ぐんじん)です。

＋ 낱말과 표현

~と申(もう)します ~라고 합니다   명사 + で ~이고   こちら 이쪽, 이분
田中(たなか) (성씨) 다나카   日本人(にほんじん) 일본인   ~では ありません ~이(가) 아닙니다
会社員(かいしゃいん) 회사원   ワン (중국의 성씨) 왕   ~でも~でも ありません ~도 ~도 아닙니다

일본어로 써봅시다!

1. 처음 뵙겠습니다. 저는 김수아라고 합니다.

_____

2. 잘 부탁합니다.

_____

3. 당신은 한국인입니까?

_____

4. 아니요, 저는 의사가 아닙니다. 학생입니다.

_____

정답 1. はじめまして。私(わたし)はキム・スアと申(もう)します。   2. どうぞ よろしく おねがいします。
3. あなたは 韓国人(かんこくじん)ですか。   4. いいえ、私(わたし)は 医者(いしゃ)じゃ ありません。学生(がくせい)です。

한자 즐기기

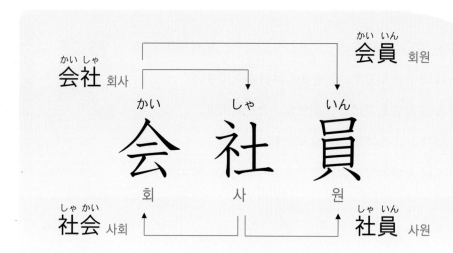

써봅시다!

がく せい 学生 학생	学生			
せん せい 先生 선생	先生			
い しゃ 医者 의사	医者			
かん こく じん 韓国人 한국인	韓国人			
に ほん じん 日本人 일본인	日本人			
ちゅう ごく じん 中国人 중국인	中国人			

LISTENING

A. 내용을 잘 듣고 칸을 채워보세요.

_{くんじん} 軍人　　　　　_{かいしゃいん} 会社員　　　　　_{に ほんじん} 日本人　　　　　_{せんせい} 先生

1 はじめまして。わたしは キムです。

わたしは [　　　　　] で、[　　　　　] です。

どうぞ よろしく おねがいします。

2 _{やま だ} 山田さんは [　　　　　] ですか。

いいえ、わたしは [　　　　　] では ありません。[　　　　　] です。

3 あなたは [　　　　　] ですか。

はい、わたしは [　　　　　] です。

4 こちらは イさんです。

イさんは [　　　　　] では ありません。[　　　　　] です。

B. 내용을 듣고 그림과 일치하면 ○, 일치하지 않으면 ×를 넣으세요.

1	**2**	**3**	**4**
韓国人	中国人	イギリス人	フランス人
(　　　)	(　　　)	(　　　)	(　　　)

교실에서 자주 쓰는 일본어 표현

せんせい
先生 선생님

おつかれさまでした。
수고하셨습니다.

また あした。
내일 만나요.

よんで ください。
읽어 주세요.

よく きいて ください。
잘 들어 주세요.

たって ください。
서 주세요.

すわって ください。
앉아 주세요.

はなして ください。
이야기해 주세요.

こたえて ください。
대답해 주세요.

ありがとうございました。
고맙습니다. / 고마웠습니다.

はい、わかります。
네. 알겠습니다.

いいえ、わかりません。
아뇨. 모르겠습니다.

おしえて ください。
가르쳐 주세요.

もう いちど いって ください。
다시 한 번 말해 주세요.

しつもんが あります。
질문이 있습니다.

～は にほんごで なんですか。
～는 일본어로 무엇입니까?

がくせい
学生 학생

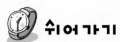
일본의 지도

면적	37만 7873㎢ (우리나라의 1.7배)
인구	약 1억 2천 5백만 명
구성	4개의 큰 섬과 6,850여개의 작은 섬
행정구역	1道(北海道) 1都(東京都)
	2府(京都府, 大阪府) 43県

04

これは 何ですか。
이것은 무엇입니까?

이번 과의 포인트

☐ これは 何ですか。
이것은 무엇입니까?

☐ それは 本です。
그것은 책입니다.

☐ これも 先生の かばんですか。
이것도 선생님의 가방입니까?

☐ いいえ、それは 先生のでは ありません。
私のです。
아니요. 그것은 선생님 것이 아닙니다. 제 것입니다.

木村 キムさん、これは 何ですか。

キム それは デジカメです。

木村 これは 誰の デジカメですか。

キム それは イさんのです。

木村 あれも イさんのですか。

キム いいえ、あれは イさんのでは ありません。私のです。

木村 ところで、あの 人は 誰ですか。

キム あの人は パクさんです。パクさんは 私の 友達です。

➕ 낱말과 표현

これ・それ・あれ・どれ 이것・그것・저것・어느 것 何(なん・なに) 무엇 ～ですか ～입니까?
デジカメ 디카, 디지털 카메라(デジタルカメラ의 약자) ところで 그런데(화제 전환) 誰(だれ) 누구
～の ～의, ～의 것 ～も ～도 この ・その・あの・どの 이・그・저・어느 人(ひと) 사람
私(わたし) 나, 저 友達(ともだち) 친구

01 지시대명사

	근칭	중칭	원칭	부정칭
사물	これ(이것)	それ(그것)	あれ(저것)	どれ(어느 것)
장소	ここ(여기)	そこ(거기)	あそこ(저기)	どこ(어디)
방향	こちら(이쪽)	そちら(그쪽)	あちら(저쪽)	どちら(어느 쪽)
연체사(1)	この(이)	その(그)	あの(저)	どの(어느)
연체사(2)	こんな(이런)	そんな(그런)	あんな(저런)	どんな(어떤)

02 これは 何ですか。 이것은 무엇입니까?

예 これは 何ですか。　→　それは 新聞です。

あれは 何ですか。　→　あれは 辞書です。

03 명사 + の + 명사 ~의~

예 山田さんは 日本語の 先生です。
　　　　　　　일본어 선생님

これは 韓国語の 本です。
　　　　　한국어 책

それは 私の 眼鏡です。
　　　저의 안경

あれは 誰の 鉛筆ですか。
　　　누구의 연필

04 | **～の** ～(의) 것

例 この 傘は 誰のですか。

　→ 私のです。

　あの 靴は あなたのですか。

　→ いいえ、私のでは ありません。

05 | **～も** ～도

例 私も 会社員です。

　山田さんも 学生ですか。

　あの 時計も キムさんのですか。

✚ 낱말과 표현

新聞(しんぶん) 신문　辞書(じしょ) 사전　日本語(にほんご) 일본어　先生(せんせい) 선생, 선생님
韓国語(かんこくご) 한국어　本(ほん) 책　眼鏡(めがね) 안경　誰(だれ) 누구　鉛筆(えんぴつ) 연필
傘(かさ) 우산　靴(くつ) 신발, 구두　会社員(かいしゃいん) 회사원　学生(がくせい) 학생　あの 저
時計(とけい) 시계

패턴 연습 PATTERN

1 보기

 パクさん ・これ

A : パクさんのは どれですか。

B : パクさんのは これです。

1 先生 ・それ

A : ＿＿＿＿＿＿＿のは どれですか。

B : ＿＿＿＿＿＿＿＿＿＿＿＿

2 イさん ・あれ

A : ＿＿＿＿＿＿＿のは どれですか。

B : ＿＿＿＿＿＿＿＿＿＿＿＿

3 青木（あおき）さん ・これ

A : ＿＿＿＿＿＿＿のは どれですか。

B : ＿＿＿＿＿＿＿＿＿＿＿＿

2 보기

A : これは 何ですか。「 5 」　　B : それは 電話（でんわ） です。

「 1 」　「 2 」　「 3 」　「 4 」　「 5 」

1 それは 何ですか。「 4 」　→　これは ＿＿＿＿＿ です。

2 これは 何ですか。「 2 」　→　それは ＿＿＿＿＿ です。

3 あれは 何ですか。「 1 」　→　あれは ＿＿＿＿＿ です。

4 それは 何ですか。「 3 」　→　これは ＿＿＿＿＿ です。

➕ **낱말과 표현**

椅子（いす） 의자　　傘（かさ） 우산　　新聞（しんぶん） 신문　　机（つくえ） 책상　　電話（でんわ） 전화

54

읽어봅시다!

キムさんと田中(たなか)さんは日本語(にほんご)の先生(せんせい)です。二人(ふたり)は友達(ともだち)です。

この日本語の本(ほん)はキムさんので、あの日本語の辞書(じしょ)は田中さんのです。

あの雑誌(ざっし)も田中さんのです。

➕ 낱말과 표현

~と ~와(과)　日本語(にほんご)の先生(せんせい) 일본어 선생(님)　二人(ふたり) 두 명, 두 사람
友達(ともだち) 친구　この 이　~の ~의 것　~で ~이고　あの 저　辞書(じしょ) 사전
雑誌(ざっし) 잡지　~も ~도, ~역시

일본어로 써봅시다!

1. 이것은 무엇입니까?

   _____

2. 그것은 제 것이 아닙니다. 선생님 것입니다.

   _____

3. 저것은 누구의 우산입니까?

   _____

4. 저 사람은 누구입니까? / 나의 친구입니다.

   _____

정답 1. これは何(なん)ですか。　2. それは私(わたし)のではありません。先生(せんせい)のです。
3. あれは だれの 傘(かさ)ですか。
4. あの 人(ひと)は だれですか。 / 私(わたし)の 友達(ともだち)です。

KANJI

한자 즐기기

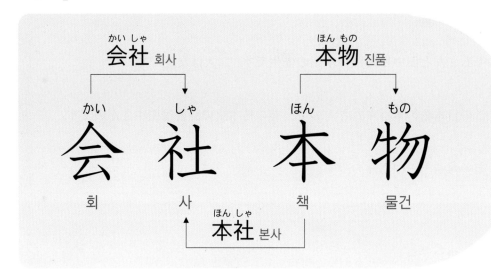

써봅시다!

新聞 しんぶん 신문	新聞			
時計 とけい 시계	時計			
辞書 じしょ 사전	辞書			
雑誌 ざっし 잡지	雑誌			
韓国語 かんこくご 한국어	韓国語			
友達 ともだち 친구	友達			

Track 19~20

A. 두 사람의 대화를 듣고 누구의 것인지 답을 써보세요.

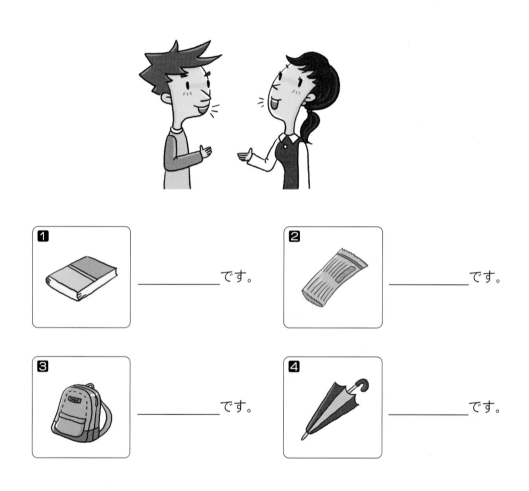

1　_____です。

2　_____です。

3　_____です。

4　_____です。

B. 내용을 듣고 그림과 일치하면 ○, 일치하지 않으면 ×를 넣으세요.

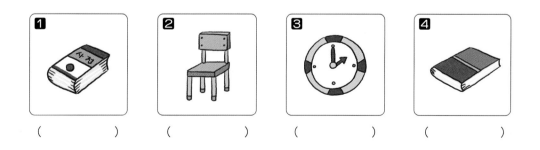

1 (　　　　　)　　2 (　　　　　)　　3 (　　　　　)　　4 (　　　　　)

01 이름 묻기

예 お名前は 何ですか。 이름이(은) 무엇입니까?

→ ①キム・ユミと 申します。

②キム・ユミです。

02 직업 묻기

예 お仕事は 何ですか。(= お仕事は?) 직업이(은) 무엇입니까?

→ 会社員です。 회사원

学生です。 학생

教師です。 교사

銀行員です。 은행원

運転手です。 운전수

医者です。 의사

看護婦です。 간호사

軍人です。 군인

主婦です。 주부

デザイナーです。 디자이너

芸能人です。 연예인

モデルです。 모델

歌手です。 가수

얼굴에 관한 일본어 낱말

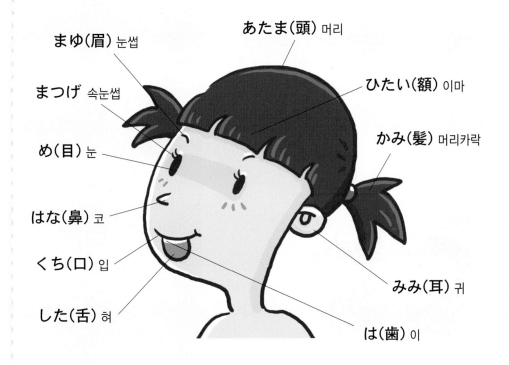

まゆ(眉) 눈썹

まつげ 속눈썹

め(目) 눈

はな(鼻) 코

くち(口) 입

した(舌) 혀

あたま(頭) 머리

ひたい(額) 이마

かみ(髪) 머리카락

みみ(耳) 귀

は(歯) 이

Track 22

今 何時ですか。

지금 몇 시입니까?

 이번 과의 포인트

□ 今 何時ですか。

지금 몇 시입니까?

□ 7時 5分前です。

7시 5분 전입니다.

□ 会社は 何時から 何時までですか。

회사는 몇 시부터 몇 시까지입니까?

□ 午前 9時 10分から 午後 7時までです。

오전 9시 10분부터 오후 7시까지입니다.

山田 キムさん、お久しぶりですね。

キム あ、山田さん、お久しぶりです。

山田 キムさんの 会社は この 近くですか。

キム はい、そうです。

山田 会社は 何時から 何時まで ですか。

キム 午前 9時 10分から 午後 7時までです。

✚ 낱말과 표현

お久(ひさ)しぶりです 오래간만입니다   会社(かいしゃ) 회사   この 이   近(ちか)く 근처
何時(なんじ) 몇 시   ～から ～まで ～부터 ～까지   午前(ごぜん) 오전   午後(ごご) 오후

01 숫자 읽기

0	1	2	3	4
ゼロ	いち	に	さん	し・よん・よ
5	6	7	8	9
ご	ろく	しち・なな	はち	きゅう・く
10	11	12	13	14
じゅう	じゅういち	じゅうに	じゅうさん	じゅうよん

02 시간 표현 I (시간 / 분)

いちじ	にじ	さんじ	よじ	ごじ	ろくじ
しちじ	はちじ	くじ	じゅうじ	じゅういちじ	じゅうにじ

1分	2分	3分	4分	5分	6分
いっぷん	にふん	さんぷん	よんぷん	ごふん	ろっぷん
7分	8分	9分	10分	15分	20分
ななふん	はっぷん	きゅうふん	じゅっぷん	じゅうご ふん	にじゅっ ぷん
25分	30分	35分	40分	45分	50分
にじゅうご ふん	さんじゅっ ぷん	さんじゅう ごふん	よんじゅっ ぷん	よんじゅう ごふん	ごじゅっ ぷん
55分	何分				
ごじゅうご ふん	なんぷん				

03 시간 표현Ⅱ

ちょうど 정각	前^{まえ} ~전
半^{はん} 반	過^すぎ ~지남

04 ～ね ~이군, ~로군, ~네, ~지

例 お久^{ひさ}しぶりですね。

あれは キムさんのですね。

明日^{あした}は テストですね。

05 ～から ～まで ~부터 ~까지

例 映画^{えいが}は 何時^{なんじ}から 何時^{なんじ}までですか。

学校^{がっこう}は 午前^{ごぜんじゅうじ}10時から 午後^{ごごよじさんじゅっぷん}4時30分までです。

テストは 9時^{くじ}から 11時^{じゅういちじ}までです。

✚ 낱말과 표현

久(ひさ)しぶり 오래간만　明日(あした) 내일　テスト 시험　映画(えいが) 영화
学校(がっこう) 학교　午前(ごぜん) 오전　午後(ごご) 오후

1 보기

A : 今 何時ですか。

B : 3時 ちょうどです。

❶
A : 今 何時ですか。

B : ＿＿＿＿＿ です。

❷
A : 今 何時ですか。

B : ＿＿＿＿＿ です。

❸
A : 今 何時ですか。

B : ＿＿＿＿＿ です。

(= ＿＿＿＿前です。)

❹
A : 今 何時ですか。

B : ＿＿＿＿＿ です。

2 보기

映画は 何時から 何時までですか。

→映画は 2時から 4時までです。

 2:00 - 4:00

❶ 郵便局は 何時から 何時までですか。

→ 郵便局は ＿＿＿＿から ＿＿＿＿までです。

 9:00 - 5:00

❷ スーパーは 何時から 何時までですか。

→ スーパーは ＿＿＿から ＿＿＿＿＿までです。

 8:00 - 11:30

❸ 銀行は 何時までですか。

→ 銀行は ＿＿＿＿までです。

 4:30

✚ 낱말과 표현

前(まえ) 전, 앞　　映画(えいが) 영화　　郵便局(ゆうびんきょく) 우체국　　スーパー 슈퍼마켓

銀行(ぎんこう) 은행

읽어 봅시다!

うちの会社は午前8時半から午後6時半までです。

明日は会議があります。 会議は9時から11時までです。

会議の後は山田さんと食事の約束があります。

山田さんは私の友達で、銀行員です。銀行は午前9時から午後4時半までです。

うちの会社と銀行はとても近いです。

✚ 낱말과 표현

| うち 우리 | 午前(ごぜん) 오전 | 半(はん) 반 | 明日(あした) 내일 | 会議(かいぎ) 회의 |

~が ~이(가)　　あります 있습니다　　~から ~まで ~부터 ~까지　　後(あと) 뒤, 후

食事(しょくじ) 식사　　約束(やくそく) 약속　　友達(ともだち) 친구　　銀行員(ぎんこういん) 은행원

午後(ごご) 오후　　とても 매우, 아주　　近(ちか)い 가깝다

일본어로 써봅시다!

1. 지금 몇 시입니까?

2. 회의는 오전 9시부터 11시 20분까지입니다.

3. 시험은 오후 4시부터입니다.

4. 지금은 7시 5분 전입니다.

정답　1. 今(いま)何時(なんじ)ですか。
2. 会議(かいぎ)は午前(ごぜん)9時(じ)から11時(じゅういちじ)20分(にじゅっぷん)までです。
3. テストは午後(ごご)4時(よじ)からです。　4. 今(いま)は7時(しちじ)5分(ごふん)前(まえ)です。

KANJI

한자 즐기기

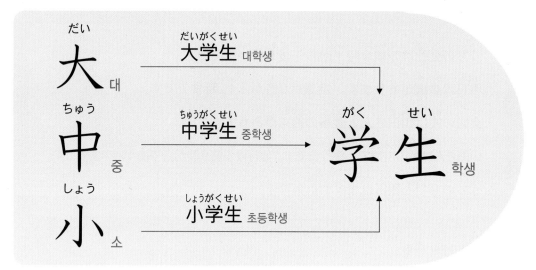

だい 大 대	だいがくせい 大学生 대학생	
ちゅう 中 중	ちゅうがくせい 中学生 중학생	がく せい 学生 학생
しょう 小 소	しょうがくせい 小学生 초등학생	

써봅시다!

がっ こう 学校 학교	学校			
えい が 映画 영화	映画			
ご ぜん 午前 오전	午前			
ご ご 午後 오후	午後			
かい ぎ 会議 회의	会議			
ゆう びん きょく 郵便局 우체국	郵便局			

LISTENING

A. 내용을 듣고 보기와 같이 현재 시각을 시계 안에 그려 넣으세요.

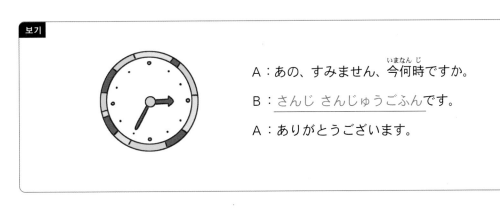

보기

A : あの、すみません、今何時ですか。

B : さんじ さんじゅうごふんです。

A : ありがとうございます。

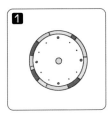

———————

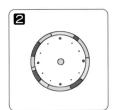

———————

———————

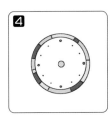

———————

B. 내용을 듣고 그림과 일치하면 ○, 일치하지 않으면 ×를 넣으세요.

9:00 - 15:00

(   )

9:00 - 10:30

(   )

11:00 - 23:00

(   )

13:00 - 14:40

(   )

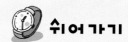

일본의 연호

일본에서는 서력보다는 일반적으로 연호를 사용합니다.

서기 1868년 … 明治元年 (명치원년)

1912년 … 大正元年 (대정원년)

1926년 … 昭和元年 (소화원년)

1989년 … 平成元年 (평성원년)

예 昭和(しょうわ)는 서기에서 1925년을 빼면 알 수 있습니다.

└ 서기 1970년은 昭和45年

예 平成(へいせい)는 서기에서 1988년을 빼면 알 수 있습니다.

└ 서기 2001년은 平成13年

	明治	大正	昭和	平成
1868年		1912年	1926年	1989年

01 자기 소개

예 A : はじめまして。私は 山田と 申します。 처음 뵙겠습니다. 저는 야마다라고 합니다.

B : はじめまして。私は 木村です。 처음 뵙겠습니다. 저는 기무라입니다.

A : どうぞ よろしく おねがいします。 잘 부탁합니다.

B : こちらこそ どうぞ よろしく。 저야말로 잘 부탁합니다.

02 ～は ～です。 ～는 ～입니다.

～は ～ですか。 ～는 ～입니까?

～は ～では ありません。 ～는 ～가(이) 아닙니다.

예 キムさんは 会社員ですか。

→ はい、私は 会社員です。

いいえ、私は 会社員では ありません。

03 これは 何ですか。 이것은 무엇입니까?

(それ 그것・あれ 저것・どれ 어느 것)

예 これは 何ですか。 → それは 辞書です。

04 ～の

① (명사)의 (명사)

　例 私の 本 나의 책 (の를 해석)

　　 日本語の 先生 일본어 선생 (の를 해석하지 않음)

② ～(의) 것

　例 これは あなたのですか。

　　→ いいえ、それは 私のでは ありません。山田さんのです。

05 今 何時ですか。　지금 몇 시입니까?

(ちょうど 정각・前 ~전・半 반)

　例 今 何時ですか。
　　→ 5時 10分 前です。

06 조사 정리

① ～は(wa) ～은(는)

② ～も ～도

③ ～の ～의/～의 것

④ ～と ～와(과)

⑤ ～から～まで ～부터 ～까지

⑥ ～が ～이(가)

アメリカ あめりか 미국	アメリカ			

フランス ふらんす 프랑스	フランス			

イギリス いぎりす 영국	イギリス			

ドイツ どいつ 독일	ドイツ			

バス ばす 버스	バス			

テスト てすと 시험	テスト			

スーパー すーぱー 슈퍼(마켓)	スーパー			

06

Track 27

今日は 何月
何日ですか。

오늘은 몇 월 며칠입니까?

 이번 과의 포인트

□ 今日は 何月何日ですか。
  오늘은 몇 월 며칠입니까?

  → 今日は 7月 3日です。
    오늘은 7월 3일입니다.

□ 休みは いつから いつまでですか。
  휴일은 언제부터 언제까지입니까?

  → 7月 14日から 20日までです。
    7월 14일부터 20일까지입니다.

Track 28 授業中(じゅぎょうちゅう)に

DIALOGUE

先生　みなさん、今日(きょう)は 何月何日(なんがつなんにち) 何曜日(なんようび)ですか。

学生たち　今日(きょう)は 5月(ごがつ)6日(むいか) 火曜日(かようび)です。

先生　昨日(きのう)は?

学生たち　5月(ごがつ)5日(いつか) 月曜日(げつようび)でした。

先生　昨日(きのう)は 子供(こども)の 日(ひ)でしたね。

　　　では、明日(あした)は 何月何日(なんがつなんにち) 何曜日(なんようび)ですか。

キム　明日(あした)は 5月(ごがつ)7日(なのか) 水曜日(すいようび)です。ワンさんの 誕生日(たんじょうび)です。

先生　そうですか。

　　　ワンさん、お誕生日(たんじょうび) おめでとうございます。

➕ 낱말과 표현

辞書中(じゅぎょうちゅう) 수업중　みなさん 여러분　今日(きょう) 오늘
何月何日(なんがつなんにち) 몇 월 며칠　何曜日(なんようび) 무슨 요일　昨日(きのう) 어제
～でした ～였습니다　子供(こども)の日(ひ) 어린이 날　誕生日(たんじょうび) 생일
そうですか 그렇습니까?　お誕生日 おめでとうございます 생일 축하합니다

01 년

1年	2年	3年	4年	5年	6年
いちねん	にねん	さんねん	よねん	ごねん	ろくねん
7年	**8年**	**9年**	**10年**	**11年**	**何年**
ななねん	はちねん	きゅうねん	じゅうねん	じゅういちねん	なんねん

02 월

1月	2月	3月	4月	5月	6月
いちがつ	にがつ	さんがつ	しがつ	ごがつ	ろくがつ
7月	**8月**	**9月**	**10月**	**11月**	**12月**
しちがつ	はちがつ	くがつ	じゅうがつ	じゅういちがつ	じゅうにがつ

03 일・요일

日曜日 にちようび	月曜日 げつようび	火曜日 かようび	水曜日 すいようび	木曜日 もくようび	金曜日 きんようび	土曜日 どようび
		1日 ついたち	2日 ふつか	3日 みっか	4日 よっか	5日 いつか
6日 むいか	7日 なのか	8日 ようか	9日 ここのか	10日 とおか	11日 じゅういちにち	12日 じゅうににち
13日 じゅうさんにち	14日 じゅうよっか	15日 じゅうごにち	16日 じゅうろくにち	17日 じゅうしちにち	18日 じゅうはちにち	19日 じゅうくにち
20日 はつか	21日 にじゅういちにち	22日 にじゅうににち	23日 にじゅうさんにち	24日 にじゅうよっか	25日 にじゅうごにち	26日 にじゅうろくにち
27日 にじゅうしちにち	28日 にじゅうはちにち	29日 にじゅうくにち	30日 さんじゅうにち	31日 さんじゅういちにち		何日 なんにち

04 〜でした ~이었습니다

예 昨日（きのう）は キムさんの 誕生日（たんじょうび）でした。

昨日（きのう）は ３月（さんがつ）６日（むいか）でした。

05 시제

예 昨日（きのう）어제 ― 今日（きょう）오늘 ― 明日（あした）내일

先週（せんしゅう）지난주 ― 今週（こんしゅう）이번주 ― 来週（らいしゅう）다음주

先月（せんげつ）지난달 ― 今月（こんげつ）이번달 ― 来月（らいげつ）다음달

去年（きょねん）작년 ― 今年（ことし）올해, 금년 ― 来年（らいねん）내년, 다음해

06 いつですか 언제입니까?

예 お誕生日（たんじょうび）は いつですか。

子供（こども）の 日（ひ）は いつですか。

✚ **낱말과 표현**

誕生日(たんじょうび) 생일(남의 생일은 앞에 お를 붙여 お誕生日라고 함.)　いつ 언제

1 보기

テスト (5月7日～11日)

テストは いつから いつまでですか。

→ テストは ごがつなのかから

じゅういちにちまでです。

1

冬休み (12月10日～2月28日)

＿＿＿＿＿は いつから いつまでですか。

→ ＿＿＿＿＿は ＿＿＿＿＿＿＿＿＿から

＿＿＿＿＿＿＿＿＿＿＿＿までです。

2

まつり (月曜日～金曜日)

＿＿＿＿＿は 何曜日から 何曜日までですか。

→ ＿＿＿＿＿は ＿＿＿＿から ＿＿＿＿までです。

3

コンサート (7月～8月)

＿＿＿＿＿＿は 何月から 何月までですか。

→ ＿＿＿＿＿＿は ＿＿＿＿から

＿＿＿＿＿までです。

2 보기

7月

月	火	水	木	金
1	2	3	4	5

今日は 何月何日 何曜日ですか。

→ しちがつ みっか すいようびです。

1 明日は 何月何日 何曜日ですか。　→ ＿＿＿＿＿＿＿＿＿＿＿＿ です。

2 昨日は 何月何日でしたか。　→ ＿＿＿＿＿＿＿＿＿＿＿＿ でした。

3 あさっては 何曜日ですか。　→ ＿＿＿＿＿＿＿＿＿＿＿＿ です。

➕ 낱말과 표현

テスト 시험　冬休(ふゆやす)み 겨울방학(휴가) ↔ 夏休(なつやす)み 여름방학(휴가)　まつり 축제

コンサート 콘서트　今日(きょう) 오늘　明日(あした) 내일　昨日(きのう) 어제

何月何日(なんがつなんにち) 몇 월 며칠　何曜日(なんようび) 무슨 요일　あさって 모레

읽어봅시다!

私(わたし)の誕生日(たんじょうび)は4月(しがつ)6日(むいか)です。昨日(きのう)は私の誕生日でした。

私は大学(だいがく)3年生(さんねんせい)で、趣味(しゅみ)はテニスです。

田中(たなか)さんは私の友達(ともだち)です。田中さんの誕生日(たんじょうび)は9月(くがつ)14日(じゅうよっか)です。

大学(だいがく)4年生(よねんせい)で、趣味(しゅみ)は水泳(すいえい)です。

明日(あした)から学校(がっこう)のテストです。テストは月曜日(げつようび)から木曜日(もくようび)までです。

✚ 낱말과 표현

誕生日(たんじょうび) 생일　～年生(ねんせい) ～학년　大学(だいがく) 대학　趣味(しゅみ) 취미

テニス 테니스　友達(ともだち) 친구　～で ~이고　水泳(すいえい) 수영

일본어로 써봅시다!

1. 생일이 언제입니까?

_____

2. 시험은 6월 4일부터 7일까지입니다.

_____

3. 오늘은 1월 20일 월요일입니다.

_____

4. 어제는 9월 2일 수요일이었습니다.

_____

정답 1. お誕生日(たんじょうび)はいつですか。

2. テストは 6月(ろくがつ)4日(よっか)から 7日(なのか)までです。

3. 今日(きょう)は 1月(いちがつ)20日(はつか)月曜日(げつようび)です。

4. 昨日(きのう)は 9月(くがつ)2日(ふつか)水曜日(すいようび)でした。

KANJI

한자 즐기기

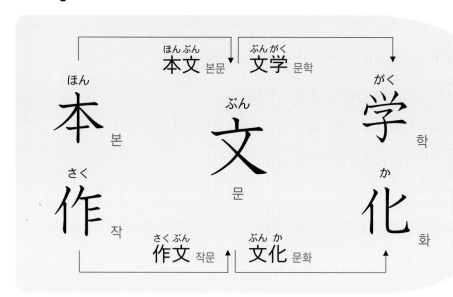

ほんぶん
本文 본문

ぶんがく
文学 문학

ほん
本 본

ぶん
文 문

がく
学 학

さく
作 작

か
化 화

さくぶん
作文 작문

ぶんか
文化 문화

써봅시다!

きょう 今日 오늘	今日			
きのう 昨日 어제	昨日			
あした 明日 내일	明日			
えい ご 英語 영어	英語			
たん じょう び 誕生日 생일	誕生日			

A. 내용을 듣고 밑줄 친 부분에 날짜 또는 요일을 적어보세요.

1 明日は ＿＿＿月＿＿＿日です。

2 キムさんの 誕生日は ＿＿＿月 ＿＿＿日です。

3 テストは ＿＿＿＿＿＿ からです。

4 学校の 休みは ＿＿＿月 ＿＿＿＿＿ 日です。

B. 내용을 듣고 달력에 표시된 것과 일치하면 ○, 일치하지 않으면 ×를 넣으세요.

9月

日	月	火	水	木	金	土
			1 今日	2	3	4
5	6	7	8	9	10	11
			← テスト →			
12	13	14	15	16	17 木村さんの 誕生日	18
	← 休み →					
19	20	21	22	23	24	25
26	27	28	29	30		

1 (　　　　　)

2 (　　　　　)

3 (　　　　　)

4 (　　　　　)

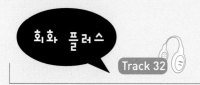

01 나이 묻기

▶ おいくつですか。 몇 살입니까?

(=なんさいですか。)

한 살	두 살	세 살	네 살	다섯 살	여섯 살
いっさい	にさい	さんさい	よんさい	ごさい	ろくさい
일곱 살	여덟 살	아홉 살	열 살	스무 살	스물 한 살
ななさい	はっさい	きゅうさい	じゅっさい	はたち	にじゅう いっさい

※ '여섯 살'은 쓸 때는 ろくさい로 쓰고, 발음은 ろっさい로 합니다.

예 おいくつですか。

　　→ じゅうごさいです。(15세)

　　　にじゅうさんさいです。(23세)

02 전화번호 묻기

▶ 電話番号は? 전화번호는 (몇 번입니까?)
でんわばんごう

(=電話番号を 教えて ください。)
　　　　　　　　　おし

전화번호를 가르쳐주세요.

예 電話番号は?

→ 0 2) 1 2 3 4 － 5 6 7 8 です。
　ゼロ に いち に さん よん の ご ろく なな はち

メニュー 메뉴

うどん 우동

てんぷら 튀김

ラーメン 라면

すし 초밥

さしみ 생선회

<ruby>牛丼<rt>ぎゅうどん</rt></ruby> 쇠고기 덮밥

おにぎり 주먹밥

サンドイッチ 샌드위치

ハンバーガー 햄버거

<ruby>お好<rt>この</rt></ruby>み<ruby>焼<rt>や</rt></ruby>き 오코노미야키

やきにく 불고기

そば 메밀국수

07

この ケーキは
いくらですか。

이 케이크는 얼마입니까?

 이번 과의 포인트

□ あの、すみません。コーヒーは いくらですか。

저, 실례합니다. 커피는 얼마입니까?

→ 300 ^{さんびゃく えん}円です。

300 엔입니다.

□ 全部で いくらですか。
^{ぜん ぶ}

전부 해서 얼마입니까?

→ 全部で 3500 円です。
^{ぜんぶ} ^{さんぜんごひゃく}

전부 해서 3500 엔입니다.

店員　いらっしゃいませ。

山田　あの、すみません。この チーズケーキ、いくらですか。

店員　５００円（ごひゃく えん）です。

山田　ちょっと 高（たか）いですね。コーヒーは いくらですか。

店員　コーヒーは ３５０円（さんびゃくごじゅう）です。

山田　じゃ、コーヒーと チーズケーキを ください。

　　　それから、この クッキーも ひとつ おねがいします。

店員　はい、全部（ぜんぶ）で ９５０円（きゅうひゃくごじゅう）です。

➕ 낱말과 표현

カフェ 카페　　店員（てんいん）점원　　いらっしゃいませ 어서 오세요　　すみません 실례합니다
チーズケーキ 치즈케이크　　いくらですか 얼마입니까?　　ちょっと 좀, 약간　　高（たか）い 비싸다(い형용사)
コーヒー 커피　　～じゃ(=では) 그럼, 그러면　　～と ～와(과)　　～を ～를(을)　　それから 그리고
クッキー 쿠키　　～も ～도　　ひとつ 한 개　　おねがいします 부탁합니다　　全部（ぜんぶ）で 전부 해서,
전부 합해서　　～円（えん）～엔(일본의 화폐단위)

01 숫자 읽기

1	10	100	1000	10000
いち	じゅう	ひゃく	せん	いちまん
2	20	200	2000	20000
に	にじゅう	にひゃく	にせん	にまん
3	30	300	3000	30000
さん	さんじゅう	さんびゃく	さんぜん	さんまん
4	40	400	4000	40000
し・よん	よんじゅう	よんひゃく	よんせん	よんまん
5	50	500	5000	50000
ご	ごじゅう	ごひゃく	ごせん	ごまん
6	60	600	6000	60000
ろく	ろくじゅう	ろっぴゃく	ろくせん	ろくまん
7	70	700	7000	70000
しち・なな	ななじゅう	ななひゃく	ななせん	ななまん
8	80	800	8000	80000
はち	はちじゅう	はっぴゃく	はっせん	はちまん
9	90	900	9000	90000
きゅう・く	きゅうじゅう	きゅうひゃく	きゅうせん	きゅうまん
10	100	1000	10000	100000
じゅう	ひゃく	せん	いちまん	じゅうまん

02 조수사 읽기

ひとつ 한 개	ふたつ 두 개	みっつ 세 개	よっつ 네 개
いつつ 다섯 개	むっつ 여섯 개	ななつ 일곱 개.	やっつ 여덟 개
ここのつ 아홉 개	とお 열 개	じゅういち 열 한 개	いくつ 몇 개, 얼마

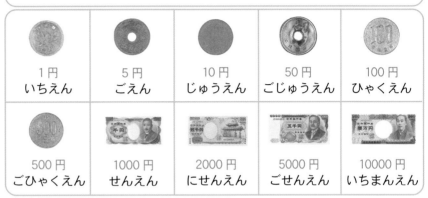

1 円 いちえん	5 円 ごえん	10 円 じゅうえん	50 円 ごじゅうえん	100 円 ひゃくえん
500 円 ごひゃくえん	1000 円 せんえん	2000 円 にせんえん	5000 円 ごせんえん	10000 円 いちまんえん

---

03 ～と ~과(와)

예 キムさんと 私は 友達です。

私の 趣味は テニスと 水泳です。

---

04 ～を ~을(를)

예 では、ハンバーガーと コーヒーを ください。

日本語の 本と 英語の 本を おねがいします。

✚ 낱말과 표현

友達(ともだち) 친구　趣味(しゅみ) 취미　テニス 테니스　水泳(すいえい) 수영
ハンバーガー 햄버거　コーヒー 커피　日本語(にほんご) 일본어　英語(えいご) 영어

PATTERN

1
보기　アイスクリーム　　A：アイスクリームは いくらですか。
　　　　　600円　　　　　B：ろっぴゃく円です。

1　ミルク　　　A：＿＿＿＿＿＿は いくらですか。
　　　300円　　　B：＿＿＿＿＿＿円です。

2　とんカツ　　A：＿＿＿＿＿＿は いくらですか。
　　　800円　　　B：＿＿＿＿＿＿円です。

3　うどん　　　A：＿＿＿＿＿は いくらですか。
　　　550円　　　B：＿＿＿＿＿＿＿＿円です。

4　さしみ　　　A：＿＿＿＿＿は いくらですか。
　　　6000円　　B：＿＿＿＿＿円です。

2 **보기**　1300円 →　せんさんびゃく円

1　　25円　→　＿＿＿＿＿＿＿＿＿＿＿＿＿＿＿＿＿＿円

2　　160円　→　＿＿＿＿＿＿＿＿＿＿＿＿＿＿＿＿＿＿円

3　　370円　→　＿＿＿＿＿＿＿＿＿＿＿＿＿＿＿＿＿＿円

4　　840円　→　＿＿＿＿＿＿＿＿＿＿＿＿＿＿＿＿＿＿円

5　1987円　→　＿＿＿＿＿＿＿＿＿＿＿＿＿＿＿＿＿＿円

6　2005円　→　＿＿＿＿＿＿＿＿＿＿＿＿＿＿＿＿＿＿円

7　6000円　→　＿＿＿＿＿＿＿＿＿＿＿＿＿＿＿＿＿＿円

8 13000円　→　＿＿＿＿＿＿＿＿＿＿＿＿＿＿＿＿＿＿円

3

보기

300 円 / 200 円

A : 全部で いくらですか。
B : ごひゃく円です。

1 350 円 / 300 円

A : 全部で いくらですか。
B : ＿＿＿＿＿＿＿円です。

2 400 円 / 600 円

A : 全部で いくらですか。
B : ＿＿＿円です。

3 100 円 / 2200 円

A : 全部で いくらですか。
B : ＿＿＿＿＿＿＿円です。

4 500 円 / 800 円

A : 全部で いくらですか。
B : ＿＿＿＿＿＿＿円です。

4

보기

（ みっつ ） ＋ （ ふたつ ） ＝ （ いつつ ）

1 （ ） ＋ （ ） ＝ （ ）

2 （ ） ＋ （ ） ＝ （ ）

3 （ ） ＋ （ ） ＝ （ ）

읽어봅시다!

この店はちょっと高いですが、品物はとてもいいです。

セーターとブラウスは4500円です。どちらもMサイズです。

スカートは3600円です。

ズボンは高いのもありますが、スカートよりは安いです。

あの靴は6000円です。かわいいでしょう。

＋ 낱말과 표현

店(みせ) 가게　ちょっと 좀, 약간　高(たか)い 비싸다　~が ~지만　品物(しなもの) 물건

いい 좋다　セーター 스웨터　~と ~와　ブラウス 블라우스　どちらも 어느 쪽도, 둘 다

サイズ 사이즈　スカート 스커트　ズボン 바지　あります 있습니다　~より ~보다

安(やす)い 싸다　あの 저　靴(くつ) 구두　かわいい 귀엽다　~でしょう ~(이)죠, ~겠지요

일본어로 써봅시다!

1. 저, 실례합니다. 이 책은 얼마입니까?

　_____

2. 케이크는 350 엔입니다.

　_____

3. 그럼, 커피와 케이크를 주십시오.

　_____

4. 전부 해서 얼마입니까?

　_____

5. 저 시계는 6000 엔입니다

　_____

한자 연습

한자 즐기기

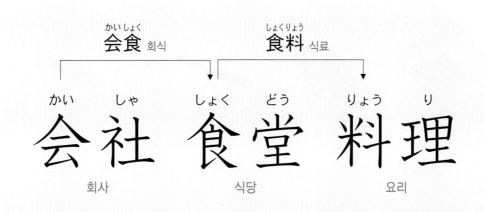

かいしょく
会食 회식

しょくりょう
食料 식료

かい　しゃ　　しょく　どう　　りょう　り
会社　食堂　料理
회사　　　　식당　　　　요리

써봅시다!

ぜん　ぶ 全部 전부	全部			
しょく　どう 食堂 식당	食堂			
りょう　り 料理 요리	料理			
みせ 店 가게	店			
くつ 靴 신발, 구두	靴			

LISTENING

A. 내용을 듣고 그림과 일치하면 ○, 일치하지 않으면 ×를 넣으세요.

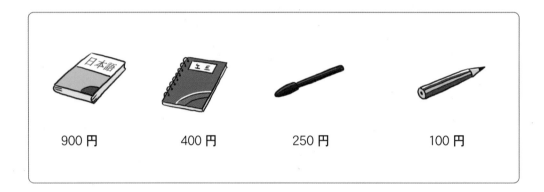

日本語	ノート		
900 円	400 円	250 円	100 円

1 (   )

2 (   )

3 (   )

4 (   )

B. 내용을 듣고 각 메뉴의 가격을 바르게 연결하세요.

1 •   ⓐ 200 円

2 •   ⓑ 500 円

3 •   ⓒ 650 円

4 •   ⓓ 300 円

6 과 ~ 7 과
문법 정리 포인트

01 해 / 날짜 / 개수 / 금액

~	年(년)	月(월)	日(일)	~개	~円
1	いちねん	いちがつ	ついたち	ひとつ	いちえん
2	にねん	にがつ	ふつか	ふたつ	にえん
3	さんねん	さんがつ	みっか	みっつ	さんえん
4	よねん	しがつ	よっか	よっつ	よえん
5	ごねん	ごがつ	いつか	いつつ	ごえん
6	ろくねん	ろくがつ	むいか	むっつ	ろくえん
7	ななねん	しちがつ	なのか	ななつ	ななえん
8	はちねん	はちがつ	ようか	やっつ	はちえん
9	きゅうねん	くがつ	ここのか	ここのつ	きゅうえん
10	じゅうねん	じゅうがつ	とおか	とお	じゅうえん
11	じゅういちねん	じゅういちがつ	じゅういちにち	じゅういち	じゅういちえん
12	じゅうにねん	じゅうにがつ	じゅうににち	じゅうに	じゅうにえん
°	°	°	°	°	°
14	じゅうよねん	°	じゅうよっか	じゅうよん	ひゃくえん (100 엔)
°	°	°	°	°	
20	にじゅうねん	°	はつか	にじゅう	せんえん (1000 엔)
°	°	°	°	°	
24	にじゅうよねん	°	にじゅうよっか	にじゅうよん	いちまんえん (1만 엔)
°	°	°	°	°	°
몇~	なんねん	なんがつ	なんにち	いくつ	いくら

02 요일

무슨 요일	일	월	화	수	목	금	토
何曜日	日曜日	月曜日	火曜日	水曜日	木曜日	金曜日	土曜日
なんようび	にちようび	げつようび	かようび	すいようび	もくようび	きんようび	どようび

03 숫자

	1~9	10~90	100~900	1000~9000	10000~90000
1	いち	じゅう	ひゃく	せん	いちまん
2	に	にじゅう	にひゃく	にせん	にまん
3	さん	さんじゅう	さんびゃく	さんぜん	さんまん
4	し・よん	よんじゅう	よんひゃく	よんせん	よんまん
5	ご	ごじゅう	ごひゃく	ごせん	ごまん
6	ろく	ろくじゅう	ろっぴゃく	ろくせん	ろくまん
7	しち・なな	ななじゅう	ななひゃく	ななせん	ななまん
8	はち	はちじゅう	はっぴゃく	はっせん	はちまん
9	きゅう・く	きゅうじゅう	きゅうひゃく	きゅうせん	きゅうまん

04 문법 정리

① お誕生日は いつですか。 생일이 언제입니까?

　　예 A : お誕生日は いつですか。
　　　　B : 4月13日です。

② 今日は 何月何日ですか。 오늘은 몇 월 며칠입니까?

　　예 A : 今日は 何月何日ですか。
　　　　B : 10月1日です。

③ 何年生まれですか。 몇 년생입니까?

　　예 A : 何年生まれですか。
　　　　B : 1980年生まれです。

④ 何年生ですか。 몇 학년입니까?

　　예 A : 何年生ですか。
　　　　B : 大学4年生です。

⑤ 全部で いくらですか。 전부 해서 얼마입니까?

　　예 A : 全部で いくらですか。
　　　　B : 6300円です。

⑥ あの、すみません。この ___ は いくらですか。

　　저. 실례합니다. 이 ___는 얼마입니까?

　　예 A : あの、すみません。この ケーキは いくらですか。
　　　　B : 4000円です。

GRAMMAR POINT

6과 ~ 7과
문법 정리 포인트

05 조사 정리

1. **～は**　~은(는)
   예 私は 銀行員です。

2. **～も**　~도, ~역시
   예 私も 会社員です。

3. **～と**　~와(과)
   예 キムさんと 山田さんは 医者です。

4. **～の**　(1)~의 (2)~의 것
   예 これは 私の 時計です。

   それは 誰のですか。

5. **～から ～まで**　~부터 ~까지
   예 会議は 何時から 何時までですか。

6. **～を**　~을(를)
   예 コーヒーと ジュースを ください。

06 표현 정리

1. お誕生日 おめでとうございます。 생일 축하합니다.

2. いらっしゃいませ。 어서 오세요.

3. そうですか／そうなんですか。 그래요?

4. はい、どうぞ。 자, 여기요.

コーヒー こーひー 커피	コーヒー			

ジュース じゅーす 주스	ジュース			

ラーメン らーめん 라면	ラーメン			

ケーキ けーき 케이크	ケーキ			

チーズ ちーず 치즈	チーズ			

ノート のーと 노트	ノート			

ペン ぺん 펜	ペン			

3과 ~ 7과 회화 표현 총정리

1 お名前は 何ですか。

이름이(은) 무엇입니까?

2 お仕事は 何ですか。

직업이(은) 무엇입니까?

3 おいくつですか。(=何さいですか)

몇 살입니까?

4 これは 何ですか。

이것은 무엇입니까?

5 今 何時ですか。

지금 몇 시입니까?

6 お誕生日は いつですか。

생일이 언제입니까?

7 何年生ですか。

몇 학년입니까?

8 何年生まれですか。

몇 년생입니까?

9 今日は 何月何日何曜日ですか。

오늘은 몇 월 며칠 무슨 요일입니까?

10 電話番号は 何番ですか。

전화번호는 몇 번입니까?

11 全部で いくらですか。

전부 해서 얼마입니까?

부록

듣기 연습 스크립트와 정답
초보자가 자주 틀리는 일본어
3과 ~ 7과 어휘 총정리

3과　　　　　　　　　47쪽

A

① はじめまして、私は キムです。

　私は 軍人で、韓国人 です。

　どうぞ よろしく おねがいします。

② 山田さんは 医者ですか。

　いいえ、私は 医者では ありません。

　会社員です。

③ あなたは 日本人ですか。

　はい、私は 日本人です。

④ こちらは 木村さんです。

　木村さんは 学生では ありません。

　先生です。

정답

① 軍人・韓国人　　② 医者・会社員

③ 日本人　　　　　④ 学生・先生

B

① はじめまして、私は キム・ミンヒと 申します。私は 韓国人です。

② はじめまして、私は ブラウンと 申します。私は アメリカ人です。

③ はじめまして、私は チンと 申します。私は 中国人です。

④ はじめまして、私は 山田と 申します。私は 日本人です。

정답

① ○　　② ×　　③ ×　　④ ×

4과　　　　　　　　　57쪽

A

① A：すみません、その 本は 誰のですか。

　B：この 本は 先生のです。

② A：すみません、これは 誰の 新聞ですか。

　B：それは キムさんのです。

③ A：鈴木さん、この かばんは 山田さんの ですか。

　B：はい、そうです。

④ A：すみません、あの 傘は キムさんのですか。

　B：いいえ、あの 傘は キムさんのでは ありません。青木さんのです。

정답

① 先生の　　　　② キムさんの

③ 山田さんの　　④ 青木さんの

B

① A：これは 何ですか。

　B：それは 眼鏡です。

② A：これは 何ですか。

　B：それは 椅子です。

③ A：あれは 何ですか。

　B：あれは 雑誌です。

④ A：それは 何ですか。

　B：これは 机です。

정답

① ×　　② ○　　③ ×　　④ ×

5과

A

보기 A：あの、すみません、今 何時ですか。
　　B：3時 35分です。
　　A：ありがとうございます。

① A：あの、すみません、今 何時ですか。
　　B：4時 ちょうどです。
　　A：ありがとうございます。

② A：あの、すみません、今 何時ですか。
　　B：6時 55分です。
　　A：ありがとうございます。

③ A：あの、すみません、今 何時ですか。
　　B：12時 15分です。
　　A：ありがとうございます。

④ A：あの、すみません、今 何時ですか。
　　B：9時半です。
　　A：ありがとうございます。

정답

① 4時 ちょうど　　② 6時 55分

③ 12時 15分　　④ 9時半

B

① 学校は 9時から 12時までです。
② テストは 9時から 10時 半までです。
③ スーパーは 午前 10時から 午後 10時まで
　です。
④ 映画は 午後 2時から 4時 30分までです。

정답

① ×　　② ○　　③ ×　　④ ×

6과

A

① 明日は 4月13日(しがつじゅうさんにち)
　です。
② キムさんの 誕生日は 11月30日(じゅうい
　ちがつさんじゅうにち)です。
③ テストは 木曜日(もくようび)からです。
④ 学校の 休みは 6月20日(ろくがつはつか)
　です。

정답

① (4月13日)　　② (11月30日)

③ (木曜日)　　④ (6月20日)

B

① 今日は 9月1日水曜日(くがつ ついたち
　すいようび)です。
② 9月14日(くがつ じゅうよっか)は 木村さ
　んの 誕生日です。
③ テストは 9月7日(くがつ なのか)から 9
　日(ここのか)までです。
④ 休みは 9月11日(くがつ じゅういちにち)
　から 16日(じゅうろくにち)までです。

정답

① ○　　② ×　　③ ○　　④ ×

7과

A

① 日本語の本は 800 円です。

② ノートは 400 円です。

③ ペンは 250 円です。

④ 鉛筆は 200 円です。

정답

① × ② ○ ③ ○ ④ ×

B

店員 : いらっしゃいませ。

山田 : あの、すみません。この ケーキは いく
　　　らですか。

店員 : 500 円です。

山田 : ハンバーガーは いくらですか。

店員 : 650 円です。

山田 : では、コーラは？

店員 : 200 円です。

山田 : ジュースも 200 円ですか。

店員 : いいえ、ジュースは 300円です。

山田 : あ、そうですか。コーラが 一番 安いで
　　　すね。

　　　では、ケーキと コーラを ください。

정답

① (b) ② (c) ③ (d) ④ (a)

초보자가 자주 틀리는 일본어

3과

1 わたしは (○)
わたしわ (×)

2 こんにちは (○)
こんにちわ (×)
ごんにちは (×)

3 こんばんは (○)
こんばんわ (×)
ごんばんは (×)

4 山田さん (○)
山田さ (×)

5 わたしは 学生では ありません。(○)
わたしは 学生が ありません。(×)

6 がくせい (○)
がっせい (×)

7 かいしゃいん (○)
がいしゃいん (×)

4과

1 それは わたしのでは ありません。(○)
それは わたしのが ありません。(×)

2 日本語の 本 (○)
日本語本 (×)

3 いいえ、これは 私のです。(○)
いいえ、これは 私です。(×)

5과

1 4時 ― よじ (○)
4時 ― しじ (×)
4時 ― よんじ (×)

2 7時 ― しちじ (○)
7時 ― ななじ (×)

5과

3 9時 ― くじ (○)
9時 ― きゅうじ (×)

4 10分 ― じゅっぷん (○)
10分 ― じゅうぷん (×)

6과

1 4年 ― よねん (○)
よんねん (×)

2 4月 ― しがつ (○)
よがつ (×)

3 9月 ― くがつ (○)
きゅうがつ (×)

4 月曜日 ― げつようび (○)
がつようび (×)

5 2日 ― ふつか (○)
ににち (×)

6 5日 ― いつか (○)
ごにち (×)

7 14日 ― じゅうよっか (○)
じゅうよんにち (×)

7과

1 3000 ― さんぜん (○)
さんせん (×)

2 600 ― ろっぴゃく (○)
ろくぴゃく (×)

3 3600 ― ろくせん (○)
ろっせん (×)

3과 ~ 7과 어휘 총정리

3과

- ☐ 私(わたし) 나, 저
- ☐ あなた 당신
- ☐ 学生(がくせい) 학생
- ☐ 会社員(かいしゃいん) 회사원
- ☐ 先生(せんせい) 선생, 선생님
- ☐ 医者(いしゃ) 의사
- ☐ 韓国人(かんこくじん) 한국인
- ☐ 日本人(にほんじん) 일본인
- ☐ 中国人(ちゅうごくじん) 중국인
- ☐ 銀行員(ぎんこういん) 은행원
- ☐ 主婦(しゅふ) 주부
- ☐ 軍人(ぐんじん) 군인
- ☐ 大学院生(だいがくいんせい) 대학원생
- ☐ イギリス人(じん) 영국인
- ☐ ドイツ人(じん) 독일인
- ☐ フランス人(じん) 프랑스인
- ☐ 大学生(だいがくせい) 대학생
- ☐ 会社(かいしゃ) 회사
- ☐ 会員(かいいん) 회원
- ☐ 社員(しゃいん) 사원
- ☐ 社会(しゃかい) 사회

4과

- ☐ 本(ほん) 책
- ☐ かばん 가방
- ☐ デジカメ 디카
- ☐ 新聞(しんぶん) 신문
- ☐ 辞書(じしょ) 사전
- ☐ 日本語(にほんご) 일본어
- ☐ 韓国語(かんこくご) 한국어

- ☐ 誰(だれ) 누구
- ☐ 友達(ともだち) 친구
- ☐ 眼鏡(めがね) 안경
- ☐ 鉛筆(えんぴつ) 연필
- ☐ 椅子(いす) 의자
- ☐ 傘(かさ) 우산
- ☐ 靴(くつ) 신발, 구두
- ☐ 時計(とけい) 시계
- ☐ 机(つくえ) 책상
- ☐ 電話(でんわ) 전화
- ☐ 雑誌(ざっし) 잡지
- ☐ 物(もの) 물건
- ☐ 会社(かいしゃ) 회사
- ☐ 本社(ほんしゃ) 본사
- ☐ 本物(ほんもの) 진품

5과

- ☐ 近(ちか)く 근처
- ☐ 今(いま) 지금
- ☐ 何時(なんじ) 몇 시
- ☐ 午前(ごぜん) 오전
- ☐ 午後(ごご) 오후
- ☐ 明日(あした) 내일
- ☐ 映画(えいが) 영화
- ☐ 学校(がっこう) 학교
- ☐ テスト 시험
- ☐ 前(まえ) 전, 앞
- ☐ 郵便局(ゆうびんきょく) 우체국
- ☐ スーパー 슈퍼(마켓)
- ☐ 銀行(ぎんこう) 은행
- ☐ 会議(かいぎ) 회의
- ☐ 後(あと) 후, 나중

□ 食事(しょくじ) 식사
□ 約束(やくそく) 약속
□ とても 매우, 아주
□ 大学生(だいがくせい) 대학생
□ 中学生(ちゅうがくせい) 중학생
□ 小学生(しょうがくせい) 초등학생
□ 電話番号(でんわばんごう) 전화번호
□ バス 버스
□ アメリカ 미국
□ フランス 프랑스

6과

□ 誕生日(たんじょうび) 생일
□ 何月(なんがつ) 몇 월
□ 何日(なんにち) 며칠
□ 何曜日(なんようび) 무슨 요일
□ 昨日(きのう) 어제
□ 今日(きょう) 오늘
□ 明日(あした) 내일
□ 先週(せんしゅう) 지난주
□ 今週(こんしゅう) 이번주
□ 来週(らいしゅう) 다음주
□ 去年(きょねん) 작년, 지난해
□ 今年(ことし) 올해
□ 来年(らいねん) 내년, 다음해
□ 夏休(なつやす)み 여름방학, 여름휴가
□ 冬休(ふゆやす)み 겨울방학, 겨울휴가
□ まつり 축제
□ コンサート 콘서트
□ あさって 모레
□ 大学(だいがく) 대학
□ テニス 테니스
□ 日曜日(にちようび) 일요일
□ 月曜日(げつようび) 월요일
□ 火曜日(かようび) 화요일

□ 水曜日(すいようび) 수요일
□ 木曜日(もくようび) 목요일
□ 金曜日(きんようび) 금요일
□ 土曜日(どようび) 토요일
□ 本文(ほんぶん) 본문
□ 作文(さくぶん) 작문
□ 文学(ぶんがく) 문학
□ 文化(ぶんか) 문화

7과

□ ケーキ 케이크
□ コーヒー 커피
□ 店員(てんいん) 점원
□ コンビニ 편의점
□ チーズケーキ 치즈케이크
□ 全部(ぜんぶ) 전부
□ 趣味(しゅみ) 취미
□ 英語(えいご) 영어
□ 店(みせ) 가게
□ ちょっと 좀, 약간
□ 高(たか)い 비싸다
□ いい 좋다
□ セーター 스웨터
□ 靴(くつ) 신발, 구두
□ 安(やす)い 싸다
□ かわいい 귀엽다
□ 食堂(しょくどう) 식당
□ 料理(りょうり) 요리
□ 会食(かいしょく) 회식
□ 食料(しょくりょう) 식료
□ ジュース 주스
□ ラーメン 라면
□ ノート 노트
□ ペン 펜
□ 鉛筆(えんぴつ) 연필

외국어 출판 40년의 신뢰
외국어 전문 출판 그룹
동양북스가 만드는 책은 다릅니다.

40년의 쉼 없는 노력과 도전으로 책 만들기에 최선을 다해온 동양북스는
오늘도 미래의 가치에 투자하고 있습니다.
대한민국의 내일을 생각하는 도전 정신과 믿음으로 최선을 다하겠습니다.

📖 동양북스

동양북스 추천 교재

일본어 교재의 최강자, 동양북스 추천 교재

회화 코스북

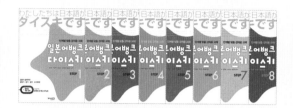

일본어뱅크 다이스키
STEP 1·2·3·4·5·6·7·8

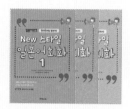

일본어뱅크
New 스타일 일본어 회화
1·2·3

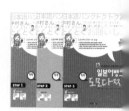

일본어뱅크 도모다찌
STEP 1·2·3

분야서

일본어뱅크
NEW 스타일 일어 문법

일본어뱅크
일본어 작문 초급

일본어뱅크
사진과 함께하는
일본 문화

일본어뱅크
항공 서비스 일본어

가장 쉬운 독학
일본어 현지회화

수험서

일취월장 JPT
독해 · 청해

일취월장 JPT
실전 모의고사 500 ·700

新일본어능력시험
실전적중 문제집 문자 · 어휘 N1 · N2
실전적중 문제집 문법 N1 · N2

新일본어능력시험
실전적중 문제집 독해 N1 · N2
실전적중 문제집 청해 N1 · N2

단어 · 한자

특허받은
일본어 한자 암기박사

일본어 상용한자 2136
이거 하나면 끝!

일본어뱅크
New 스타일 일본어 한자 1 · 2

가장 쉬운 독학
일본어 단어장

중국어뱅크 북경대학 한어구어
1·2·3·4·5·6

중국어뱅크 스마트중국어
STEP 1·2·3·4

중국어뱅크 뉴스타일중국어
STEP 1·2

중국어뱅크
문화중국어 1·2

중국어뱅크
관광 중국어 1·2

중국어뱅크
여행 중국어

중국어뱅크
호텔 중국어

중국어뱅크
판매 중국어

중국어뱅크
항공 서비스 중국어

중국어뱅크
의료관광 중국어

정반합 新HSK
1급·2급·3급·4급·5급·6급

버전업! 新HSK 한 권이면 끝
3급·4급·5급·6급

버전업! 新HSK VOCA 5급·6급

가장 쉬운 독학 중국어 단어장

중국어뱅크
중국어 간체자 1000

특허받은
중국어 한자 암기박사

📖 동양북스 추천 교재

중고급 학습

첫걸음 끝내고 보는
프랑스어
중고급의 모든 것

첫걸음 끝내고 보는
스페인어
중고급의 모든 것

첫걸음 끝내고 보는
독일어
중고급의 모든 것

첫걸음 끝내고 보는
태국어
중고급의 모든 것

단어장

버전업! 가장 쉬운
프랑스어 단어장

버전업! 가장 쉬운
스페인어 단어장

버전업! 가장 쉬운
독일어 단어장

여행 회화

NEW 후다닥
여행 중국어

NEW 후다닥
여행 일본어

NEW 후다닥
여행 영어

NEW 후다닥
여행 독일어

NEW 후다닥
여행 프랑스어

NEW 후다닥
여행 스페인어

NEW 후다닥
여행 베트남어

NEW 후다닥
여행 태국어

수험서 · 교재

한 권으로 끝내는 DELE
어휘 · 쓰기 · 관용구편 (B2~C1)

수능 기초 베트남어
한 권이면 끝!

버전업! 스마트 프랑스어